Inhalt

Nischenmärkte im Nahen Osten - Große Chancen mit hohem Gefährdungspotenzial für Unternehmen und Mitarbeiter

Kernthesen

Beitrag

Fallbeispiele

Zahlen und Fakten

Weiterführende Literatur

Impressum

Nischenmärkte im Nahen Osten - Große Chancen mit hohem Gefährdungspotenzial für Unternehmen und Mitarbeiter

Autor GENIOS BranchenWissen: M.Klems

Kernthesen

- Nischenmärkte im Nahen Osten bieten ein hohes Wirtschaftspotenzial für Unternehmen, gleichzeitig jedoch eine enorme Gefährdung für Geschäftsreisende und Mitarbeiter.
- Der deutsche Maschinen- und Anlagenbau profitiert derzeit von der hohen Nachfrage

aus den Ölexportländern, die Ihre Gelder hauptsächlich in die Modernisierung und den Aufbau von petrochemischen Anlagen fließen lassen.
- Für ihre Engagements nutzen die meisten Unternehmen momentan verstärkt noch die "sichereren" Regionen kritischer Länder oder die angrenzenden Länder als Geschäftsbasis.
- Unternehmen benötigen Risikoanalysen und Sicherheitskonzepte für den Auslandseinsatz von Mitarbeitern in diese Krisenregionen.

Beitrag

Die hohen Energiepreise haben den Ländern im Nahen Osten einen wahren Geldsegen beschert. Länder im Nahen und Mittleren Osten bieten daher große Chancen für Unternehmen insbesondere aus dem Maschinen- und Anlagenbau, gleichzeitig bergen sie aber ein erhebliches Gefahrenpotenzial für die dort beschäftigten Mitarbeiter. Wie kann man die Risiken minimieren?

Investitionsboom im Nahen Osten

Die hohen Energiepreise haben den Ländern im Nahen Osten einen wahren Geldsegen beschert. Im Jahr 2005 nahm Saudi Arabien 136 Milliarden Dollar, Kuwait über 32 Milliarden Dollar ein und der Iran platzierte sich als zweiwichtigstes Opec-Land mit 43 Milliarden Dollar Öleinnahmen. Die Petro-Dollars werden vorzugsweise in Infrastruktur-Projekte, dem Schuldenabbau und Modernisierungen technischer Anlagen investiert. Der deutsche Maschinen- und Anlagenbau profitiert derzeit von dieser hohen Nachfrage aus den Ölexportländern, die Ihre Gelder in die Modernisierung und den Aufbau von petrochemischen Anlagen fließen lassen. Ab 2010 könnte der Nahe Osten damit an den USA und Westeuropa als wichtigster petrochemischer Produzent vorbeiziehen. (3), (4)

Extremmärkte im Nahen Osten mit Potenzial: Irak und Libanon

Gerade Schwellenländer wie der Irak sind zwar noch ein Nischenmarkt, aber gleichzeitig eine sehr attraktive Region für die deutsche Wirtschaft, da diese sich momentan stark entwickelt und wenig Wettbewerb herrscht. Der Irak mit 10% Anteil an den Welterdölreserven liegt an Platz 3 der Erdölländer. Die westlichen Embargos und der Krieg haben die

Förderung von Öl weitgehend erlahmen lassen. Der Aufbau von Förderanlagen und der Transport über Pipelines ist eine der Hauptinvestitionen in diesem Sektor. Rückschläge erleiden die Projekte immer wieder durch Anschläge auf diese Anlagen. Das Exportvolumen deutscher Firmen im Irak wird für 2005 auf etwa 280 Millionen Euro beziffert. 2004 betrug dieses noch 370 Millionen Euro. Für 2006 gehen Experten aber wieder von einem Anstieg der Exporte aus. So sind die Beschränkungen der USA, Großaufträge nur an Kriegsalliierte zu vergeben, mittlerweile aufgegeben worden. Die gute Ausbildung der Bevölkerung und die Nachfrage nach Verbrauchsgütern birgt ein hohes Potenzial für deutsche Unternehmen, insbesondere aus dem Maschinen- und Anlagenbau. Der Libanon mit 4,4 Millionen Einwohnern aus 18 Religionsgruppen ist für deutsche Unternehmen zwar ein kleiner, aber interessanter Markt. Die libanesische Wirtschaft mit langer Handelstradition entwickelt sich positiv. Mit einem Wirtschaftswachstum von 4% in 2004 steigerte sich dies 2005 auf 5%. Deutschland ist einer der Haupthandelspartner und exportiert hauptsächlich Kraftfahrzeuge, Maschinen und Chemieprodukte. Deutsche Unternehmen sind maßgeblich am infrastrukturellen Aufbau des Landes beteiligt. Hierzu gehören die Engagements beim Flughafen- und Kraftwerkbau und der Errichtung eines Mobiltelefonnetzes. Expansionsmeldungen kommen zudem aus dem Bereich Bau und Tourismus. (5), (7), (8), (9)

Für ihre Engagements nutzen die meisten Unternehmen momentan verstärkt noch die "sichereren" Regionen kritischer Länder oder die angrenzenden Länder als Geschäftsbasis. Die autonome Kurdenregion des Nordiraks nimmt immer konkretere Formen an und gilt als die momentan sicherste Region des Landes. Bereits mehr als 650 ausländische Unternehmen sind in den drei kurdischen Provinzen registriert. Die Mehrzahl der Unternehmen kommt derzeit aus der Türkei und dem Iran. Die Gründe für den Nordirak als Geschäftsbasis liegen in den 4,5 Millionen Einwohnern und den rund 1 000 "Dollarmillionären". Zudem ist die Nordregion das Sprungbrett für Engagements in anderen Teilen des Landes. Unternehmen, die langfristige Projekte und Geschäftsbeziehungen aufbauen wollen, verfügen häufig über eine Niederlassung in Bagdad. Verbessert haben sich mittlerweile die Rahmenbedingungen für die Unternehmen im Irak. Innerhalb der kurdischen Nordprovinzen Arbil, Dohuk und Suleimanije arbeiten bereits vier Banken mit renommierten Auslandsbanken zusammen. Die Eröffnung von Akkreditiven und die Bezahlung von Auslandslieferanten wird damit sichergestellt. Auslandsinvestoren sind für bis zu fünf Jahre von Importzöllen befreit und dürfen uneingeschränkt

Arbeitskräfte in das Land bringen. Das Programm Öl für Nahrungsmittel bringt der Region 17% Mittelzufluss. Die Folge ist eine gesteigerte Kaufkraft der Bevölkerung. So verfügen öffentlich Bedienstete mittlerweile über ein Monatsgehalt von rund 300 Dollar. (10), (11)

Gefährdung der Mitarbeiter durch Entführungen - aktueller Fall Cryotec

Überschattet werden die Export-Aktivitäten ausländischer Unternehmen durch das Gefährdungspotenzial für die im Nahen Osten tätigen Mitarbeiter. Einen neuen Höhepunkt erlebt diese Gefährdung momentan in der immer noch andauernden Entführung der deutschen Mitarbeiter der Firma Cryotec. Dabei ist die Firma Cryotec nur eines von 350 deutschen Unternehmen, dass sich bereits im Irak geschäftlich engagiert. Das aus dem VEB Mafa Wurzen entstandene Unternehmen ist spezialisiert auf die Herstellung von Anlagen zur Produktion von Industriegasen. Diese Anlagen werden in Brauereien, Destillerien, metallverarbeitenden Betrieben oder Ölraffinerien eingesetzt. Neben der Planung dieser Anlagen, ist das

Unternehmen auch direkt vor Ort mit dem Aufbau und der Montage der Anlagen betraut. Welche Maßnahmen das Unternehmen zum Schutz seiner Mitarbeiter getroffen hatte, ist nicht bekannt. (1)

Sicherheit der Mitarbeiter als Fürsorgepflicht

Die Globalisierung und die damit verbundenen internationalen Engagements deutscher Unternehmen und deren Mitarbeiter birgt nun mal das Risiko der Gefährdung vor Ort. Terror, Entführungen, Diebstahl und Erkrankungen sind die Hauptgefahren, denen Mitarbeiter im Ausland ausgesetzt sind. Rund 14 000 Menschen weltweit wurden entführt und gerade auch Geschäftsleute oder Mitarbeiter ausländischer Unternehmen sind bevorzugte Opfer.

Dabei haben die Unternehmen generell eine Fürsorgepflicht gegenüber den Mitarbeitern. Diese ist grundsätzlich unabhängig von der Größe des jeweiligen Unternehmens. Experten raten vor dem Beginn des Auslandsengagements zu einer umfassenden Risikoanalyse. Hier stehen verschiedene Quellen mit Basis- und Hintergrundinformationen zur Verfügung. Dabei stützen sich die Unternehmen meist zuerst auf die Informationen des Auswärtigen Amtes. Daneben sind aber oft die Informationen von professionellen Beratern oder Versicherungen, wenn auch meist kostenpflichtig, noch besser geeignet, da sie frei von politischen Interessen sind. Sie helfen häufig auch durch Vorabinformationen, wie der Mitarbeiter sein Verhalten bewusst steuern und so Risiken schon im Vorfeld ausschalten oder minimieren kann.

Reise- und Touristikunternehmen mit hohen Mitarbeiterzahlen im Ausland setzen insbesondere auch auf Direktkontakte zu Botschaften, Nachrichtendiensten und Bundespolizei. Empfohlen wird zudem die Betreuung durch professionelle Berater in Sicherheitsfragen direkt vor Ort. Spezialversicherungen sollen helfen, falls doch etwas passiert. Für Länder mit Reisewarnungen werden Pakete angeboten, die Vorleistungen wie Personenschutz, Notrufausrüstung und psychologische Schulung des Versicherten verlangen. Die Policen decken dabei Summen von bis zu 6 Millionen Euro im Entführungs- oder Schadensfall ab. Daneben sind inzwischen auch diverse sicherheitstechnische Produkte am Markt, die den Schutz der Mitarbeiter verbessern sollen. Neben gepanzerten Fahrzeugen, die mittlerweile auch schon diverse Autovermieter oder -hersteller vor Ort bieten, werden Ortungssysteme angeboten mit der

Möglichkeit die Mitarbeiter rund um den Globus jederzeit zu lokalisieren. Unterschätzt von vielen Unternehmen werden die Gesundheitsrisiken der Mitarbeiter vor Ort. Hier sind Schulungen in Hygienemaßnahmen und Gesundheitsvorsorge eine wesentliche Vorbereitung. Die Unternehmen sind gefordert, Krisen- und Notfallpläne sowie Kommunikationsregeln für den Fall der Fälle im Vorfeld zu entwickeln. Denn die Kosten für Schutzkonzepte und -maßnahmen sind erheblich geringer als die Folgekosten durch Sicherheitslücken! (2), (6)

Vielfältige Engagements existieren bereits

Die Unternehmen reagieren mit einem Mix von Engagements auf die Gefährdungslage von Märkten in Schwellenländern. Neben der Einbeziehung von Sicherheitsexperten werden sichere Regionen oder Grenzländer als Sprungbretter für die Tätigkeiten ausgewählt. Der Personalansatz eigener Mitarbeiter wird meist deutlich gering gehalten und lokale Kräfte nach einer Vor-Ort-Ausbildung in Deutschland dann regional eingesetzt. Unternehmen die sich diesen Herausforderungen beim Herangehen an neue Märkte nicht stellen, droht durch Gefährdungen der

Mitarbeiter unter Umständen ein starker finanzieller Schaden mit negativen Auswirkungen auch auf das Image der Unternehmung. Dies gilt es schon vorab bei der Planung zu berücksichtigen. (2)

Fallbeispiele

Großprojekte deutscher Firmen im Nahen Osten

Die deutsche Anlagenindustrie meldet zahlreiche Großprojekte im Nahen Osten. Der Geschäftsbereich Power Generation (PG) der **Siemens AG** baut für Kuwait mit einem Auftragswert von über 280 Mio. Euro ein Gasturbinenwerk. Das Werk wird südlich von Kuwait City mit einer Leistung von 1 000 Megawatt schlüsselfertig errichtet. Die **MAN Ferrostaal** errichtet eine Methanolanlage mit einer Jahreskapazität von 1,05 Millionen Tonnen im Oman. Das gesamte Investitionsvolumen liegt hier bei über 500 Mio. Dollar. **Linde** errichtet in Saudi Arabien für über 300 Millionen Euro zwei Luftzerlegungsanlagen zur Sauerstoffgewinnung bei petrochemischen

Prozessen. Im Nordirak sind deutsche Unternehmen am Neubau einer Zementfabrik beteiligt. Das Volumen beträgt hier 100 Millionen U.S. Dollar. (4), (7)

Messe für den Wiederaufbau des Irak

Vom 08. bis 11. Mai 2006 findet auf dem Messegelände der Amman International Fair in Jordanien die 4. Rebuild Iraq statt. Die im Vorjahr sehr erfolgreiche Veranstaltung verbuchte über 1 000 Aussteller aus über 44 Ländern. Größter Aussteller war hier General Motors. Innerhalb des deutschen Pavillons präsentierten sich 67 Unternehmen den rund 14 000 Fachbesuchern. Der deutsche Pavillon wird vom VDMA und der Imag (International Messe- und Ausstellungsdienst GmbH) organisiert. Weitere Informationen finden sich im Internet unter www.rebuild-irak.de.
(9), (11)

Geschäftsbeziehungen über die Nachbarstaaten

Mehr als 400 Unternehmen irakischer Kurden sind in Dubai registriert. Hier sind überwiegend Großhändler mit der Einfuhr von Waren aus China angesiedelt. Einige davon investieren in den Irak. Größtes Projekt ist der Bau der Dream City in der Nähe des Flughafens von Arbil. Zudem entsteht in Arbil eines der größten und modernsten Einkaufszentren im Nahen Osten. (10)

Risiko-Management von TQ3

Das Unternehmen TQ3 bietet Unternehmen ein umfassendes Risiko-Management für Auslandsaktivitäten. Dies ermöglicht Unternehmen Mitarbeiter rund um den Globus zu lokalisieren, zu warnen und im Notfall aus dem Land zu holen. Das Produkt trägt alle sicherheitsrelevanten Informationen innerhalb kürzester Zeit zusammen. Unternehmen wie "die Europäische" und Elvia bieten mit Angeboten wie der Corporate Travel Insurance (CTI) und dem Voyager Information Portal (VIP) spezielle Lösungen mit einem Schwerpunkt auf Gesundheitsinformationen und Medizinbetreuung im Ausland.

Gesicherte Fahrzeuge

In Deutschland bieten Audi, BMW und Mercedes Benz gepanzerte Fahrzeuge an. Die Fahrzeuge werden entsprechend der Panzerung in Klassen von B1 bis B7 angeboten. Die Fahrzeuge sind mit gesonderten Features wie Feuerlöscheinrichtungen, Spezialreifen mit Notlaufeigenschaften und Alarmfunktionen in Wechselsprechsystemen ausgestattet.

Sicherheitsportale von Control Risks

Täglich aktualisierte Nachrichten über weltweite Sicherheitslagen und Verhaltenstipps für einzelne Städte gibt ein Portal der Control Risks (www.crg.com) an Kunden weiter. Der Zugang zum Portal mit den vollständigen Informationen kostet jährlich einen fünfstelligen Eurobetrag. Das Unternehmen bietet zudem umfangreiche Beratungs- und Schulungsleistungen an. (2)

Zahlen & Fakten

Veränderung der Warentransporte zum Vorjahr in Prozent in den Nahen Osten 2003-2005

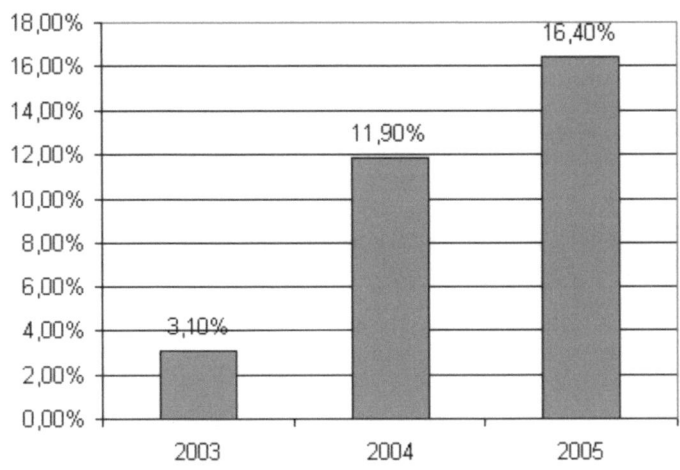

Quelle: Statistisches Bundesamt

Entnommen aus: Destatis

Top-3 Ölproduzenten und Liefermengen in 2030 in Millionen Barrel

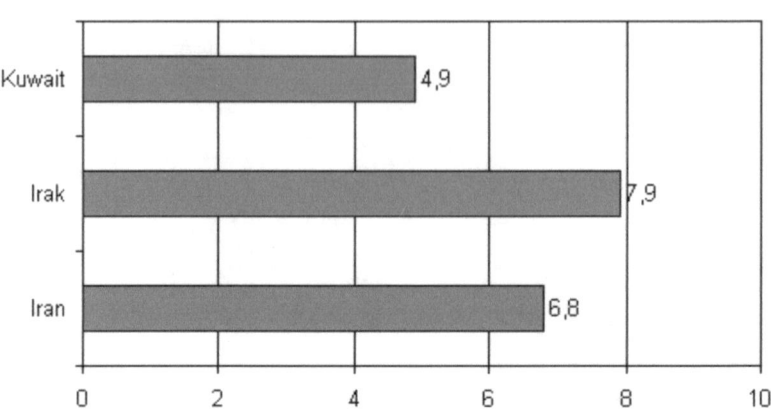

*Prognose

Quelle: World Energy Outlook, IEA

Entnommen aus: Petroleum Economist, United Kingdom (PETRECON), 73/2006 1 page 14

Weiterführende Literatur

(1) Gefährliche Geschäfte
aus Frankfurter Allgemeine Zeitung, 26.01.2006, Nr. 22, S. 2

(2) Böhmer, Reinhold / Welp, Cornelius / Henry, Andreas / Ginsburg, Hans Jakob / Klesse, Hans-

Jürgen / Schaudwet, Christian / Schumacher, Harald, Pistole im Auto, WirtschaftsWoche NR. 006 VOM 02.02.2006 SEITE 052
aus Frankfurter Allgemeine Zeitung, 26.01.2006, Nr. 22, S. 2

(3) Prächtige Auftragslage im Maschinenbau VDMA: Inlandsnachfrage im November zieht um 15 Prozent an - Ölexportländer investieren ihre Petrodollar
aus Börsen-Zeitung, 06.01.2006, Nummer 4, Seite 9

(4) Golfstaaten investieren in die Infrastruktur
aus Handelsblatt Nr. 232 vom 30.11.05 Seite b02

(5) "Potenzial für ein Wirtschaftswunder"
aus Süddeutsche Zeitung, 20.07.2005, Ausgabe Deutschland, S. 18

(6) GEFÄHRLICHER AUSLANDSEINSATZ Überfälle, Entführungen oder Anschläge sind an manchen Auslandsstandorten alltäglich. \ Wie die Sicherheitschefs deutscher Konzerne Mitarbeiter schützen. Sicherheit
aus Capital vom 02.03.2006, Seite 80

(7) Mehr als 30 deutsche Firmen im Irak aktiv
aus Die SparkassenZeitung, 27.01.2006, Nr. 04, S. 3

(8) Libanon: Das Land der Extreme
aus Die Bank, Heft 01/2006, S. 8-13

(9) Global Jordanien: Messe für den Wiederaufbau des Irak

aus Industrieanzeiger, Heft 49, 2005, S. 12

(10) Mehr ausländische Firmen im Norden des Irak
aus Frankfurter Allgemeine Zeitung, 29.12.2005, Nr. 303, S. 10

(11) Das Interesse am kurdischen Nordirak erwacht
aus Frankfurter Allgemeine Zeitung, 25.10.2005, Nr. 248, S. 22

Impressum

Nischenmärkte im Nahen Osten - Große Chancen mit hohem Gefährdungspotenzial für Unternehmen und Mitarbeiter

Bibliografische Information der deutschen Nationalbibliothek

Die Deutsche Nationalbibliothek verzeichnet diese Publikation in der deutschen Nationalbibliografie; detaillierte bibliografische Daten sind im Internet über http://dnb.d-nb.de abrufbar.

ISBN: 978-3-7379-2588-4

© 2015 GBI-Genios Deutsche Wirtschaftsdatenbank GmbH, Freischützstraße 96, 81927 München, www.genios.de

Alle Rechte vorbehalten. Dieses Werk ist einschließlich aller seiner Teile – z.B. Texte, Tabellen und Grafiken - urheberrechtlich geschützt. Jede Verwertung außerhalb der Grenzen des Urheberrechtsgesetzes bedarf der vorherigen Zustimmung des Verlags. Dies gilt insbesondere auch für auszugsweise Nachdrucke, fotomechanische Vervielfältigungen (Fotokopie/Mikroskopie), Übersetzungen, Auswertungen durch Datenbanken oder ähnliche Einrichtungen und die Einspeicherung und Verarbeitung in elektronischen Systemen.